18

Qi Gong Übungen

Hartmut von Czapski

Hartmut von Czapski

18

Qi Gong Übungen

Impressum

Bibliografische Information der Deutschen Nationalbibliothek:
Die Deutsche Nationalbibliothek verzeichnet diese Publikation in der Deutschen Nationalbibliografie; detaillierte bibliografische Daten sind im Internet über http://dnb.dnb.de abrufbar.

© 2025 Hartmut von Czapski
Fotos von Hartmut von Czapski mit Wanting Shang

Verlag: BoD · Books on Demand GmbH, Überseering 33,

22297 Hamburg, bod@bod.de

Druck: Libri Plureos GmbH, Friedensallee 273, 22763 Hamburg

ISBN: 978-3-7693-2812-7

Inhaltsverzeichnis

18 Qi Gong Übungen

1981 verfasste der Arzt Zhuang Yuan-ming das Buch Liangong Shibafa (18-fache Übungsmethode). Dieses Buch enthält Übungen aus verschiedenen Qi Gong Übungsreihen, spricht aber selber nicht von Qi und den Meridianen. Damals empfahl das Chinesische Gesundheitsamt diese Übungen zur „Erhaltung der Volksgesundheit". Im Zusammenhang mit der Atmung (sie bewegt das Qi im Körper) werden nicht nur die Wirbelsäule und die Gelenke beweglicher, die inneren Organe massiert und besser durchblutet, sondern auch die Energie im Körper vermehrt, der Energiefluss verbessert.

Es wurden 18 Übungen aus diesem Buch (teilweise leicht modifiziert) mit der richtigen Atmung versehen.

Es wird empfohlen, nach jeder oder jeder zweiten Übung, für 60-90 Sek. in den Grundstand zu gehen und die Wirkung der Übung zu erspüren. Wahlweise auch jede andere Standübung aus meinem Buch „Qi Gong Standübungen". Ein Übungszyklus dauert so ca. 60 Minuten. Danach empfehle ich weitere Übungen aus meinem Buch „Qi Gong im Sitzen".

Bitte beachten Sie bei den Übungen auf Ihren Körper zu achten. Machen Sie keine ruckartigen Bewegungen, außer beim Boxen. Ihre Beweglichkeit wird sich mit der Zeit verbessern. Geben Sie sich Mühe, aber versuchen Sie nichts zu erzwingen.

<u>Über den Autor</u>

<u>Hartmut von Czapski</u>

Heilpraktiker seit 1984. Seit 1987 Ausübung der Akupunktur

(Lehrerin Fr. Dr. Li Te, Chefärztin der NankeiKlinik).

Mehrere Aufenthalte in China mit Fachfortbildungen.

1987 Wissenschaftliche Weiterbildung der Uni. Tübingen bestanden: „Ökologie und ihre biologischen Grundlagen".

Seit 1990 Seminare, Yoga und Qi Gong Kurse an verschiedenen Volkshochschulen der Umgebung.

U.a. 25 JahreTätigkeit an der V.H.S. Wesel. Seit 1990 weit über

5000 Qi Gong Unterrichtsstunden abgehalten.

Qi Gong Lehrer 49009 des Mi Gong Rulai Buddhistisches Zentrum für Qi Gong, Shanghai.

Ausbildung zum Qi Gong Therapeuten durch Prof. Wu, Shanghai.

Vorträge auch für die Firma Vitorgan und auf der Medica in Düsseldorf über die Behandlung von Incontinenz mit T.C.M..

1999 Akupunktur-Fachfortbildung für Zahnärzte; Lehrertätigkeit an der HP Schule Dinslaken, Kurse über verschiedene Therapien(Homöopathie, Ausleitungsverfahren, FRZM, u.a.), auch Prüfungsvorbereitungskurse.

Unterrichtete Qi Gong Formen:

Medizinisches Qi Gong nach Prof.Wu.

Taiji-Qigong nach Li Ding

Zehn Meditationen auf dem Berg WU DANG

Die Achtzehnfache Methode der Übung

Die „Bewegungen der 5 Tiere"

Qi Gong nach Guo Lin zur Immunstärkung

 Die „Acht eleganten Übungen. "

„Wai Dan Gung"

Tai Chi für Anfänger nach Dr. Jiang Hao-quan

 Und vieles mehr.

Qi Gong

Der Begriff „Qi Gong" umfasst verschiedene Arten von Übungen um das „Qi", die Lebensenergie, aufzunehmen und in den Energieleitbahnen, den so genannten „Meridianen", fließen zu lassen. Es ist eine Substanz, die man normalerweise nicht sehen und nicht tasten, aber fühlen kann. Die alten chin. Philosophen dachten, dass Qi eine Ursprungssubstanz ist, die beim Urknall entstand.

Nach der chin. Med. Auffassung ist Qi eine kontinuierlich bewegte und aktive Substanz, die Grundsubstanz, aus der Körper entstehen. Qi erhält die menschlichen Lebens-funktionen. Nach der Definition ist Qi im Qi Gong eine „Essenz"-Substanz im Körper mit einer bestimmten Energie. Qi kann im Körper gebildet, entwickelt, umgewandelt und bewegt werden. Die Atmung bewegt die Energie in den Meridianen. Aber auch nach langer Übung des Qi Gong kann man das Qi mit dem Geist im Körper bewegen und aufnehmen.

Diese Körper- und Atemübungen haben eine mindestens 4000 Jahre alte Tradition in China, wie man durch Beschreibungen auf Grabbeigaben feststellen konnte. Man unterscheidet die verschiedensten Arten von Übungen. Einerseits das weiche Qi Gong, dass viele meditative, auf der Vorstellungskraft beruhende Elemente enthält und oft im Sitzen oder Liegen durchgeführt wird. Andererseits kennen wir das harte Qi Gong, das auch die Muskulatur und die Sehnen stärkt und die inneren Organe massiert. Man denke z.B. an die Leistungen der Shaolin Mönche im Kung Fu oder an die akrobatischen Fähigkeiten der Schauspieler der Peking Oper. Doch Qi Gong Übungen stärken nicht nur den Körper, sondern beruhigen auch den Geist und regulieren das vegetative Nervensystem.

Eine besondere Form ist das therapeutische Qi Gong, das bestimmte Übungen bei bestimmten Erkrankungen vorschreibt. Wie jede empirische Wissenschaft wird Qi Gong auch immer weiterentwickelt. So wurden in den letzten Jahrzehnten z.B. bestimmte neue Übungen zur Krebsbekämpfung durch ihre guten Erfolge berühmt (Qi Gong nach Guo Lin zur Immunstärkung). Das Bluthochdruck-forschungsinstitut Shanghai hat bereits 1978 Arbeiten mit Berichten über Veränderungen veröffentlicht, die Qi Gong im EKG und EEG bewirkt. Es wurden weiterhin Arbeiten darüber veröffentlicht, dass unser sympathisches Nervensystem, das durch dauernden Stress überaktiv ist, durch Qi Gong eine Entspannung durch Überwiegen des Parasympathikus erreicht.

In China gibt es in vielen Krankenhäusern, neben der Abteilung für Schulmedizin, eine Abteilung für traditionelle chinesische Medizin. Dazu gehört auch der Behandlungsraum für den Qi Gong Therapeuten. Hier werden dem Patienten nicht nur Übungen beigebracht die er zuhause regelmässig üben soll, der Therapeut führt dem Patienten auch Energie zu, die er selber aufgenommen hat.

Die Ausbildung zum Qi Gong Therapeuten ist normalerweise langwierig. Nach 5 Jahren Übung kann man Qi Gong Übungen lehren, nach 10 Jahren auch therapieren.

Herr von Czapski ist von Prof. Wu Zhong Hu zum Qi Gong Therapeuten ausgebildet worden.

<u>Wichtige Energiezentren</u>

<u>Hui Yen</u>, KG1. In der Mitte des Damms, zwischen Anus und Geschlecht.

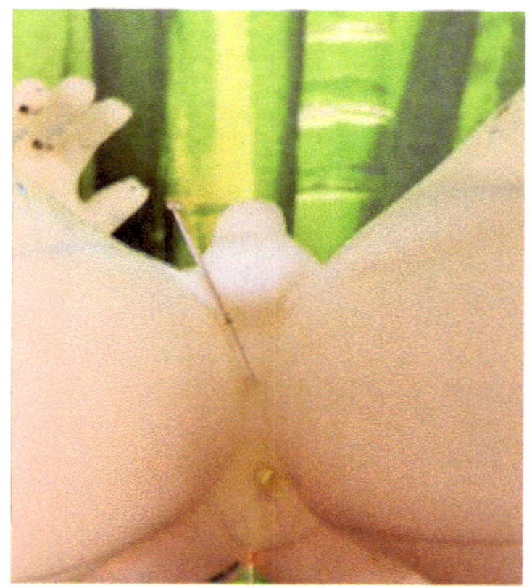

<u>"Echtes" Dantian</u>. Liegt zwischen Bauchnabel und Wirbelsäule.

<u>Unteres Dantian</u>, etwa 2 Querfinger breit unter dem Bauchnabel. Ca. auf Höhe des Akupunktur Punktes "Qi Hai", Meer der Energie.

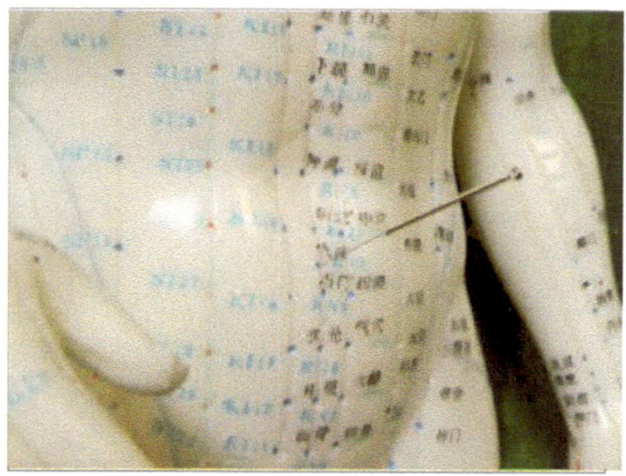

<u>Mittleres Dantian</u>, Herzzentrum. Tan Zhong. Auf Höhe einer Kuhle auf dem Brustbein, zwischen den Brustwarzen.

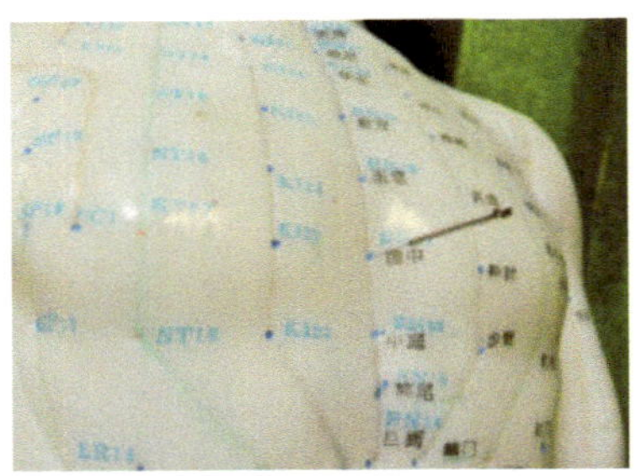

<u>Oberes Dantian</u>, Yintang. Zwischen den Augenbrauen, kurz über der Nasenwurzel.

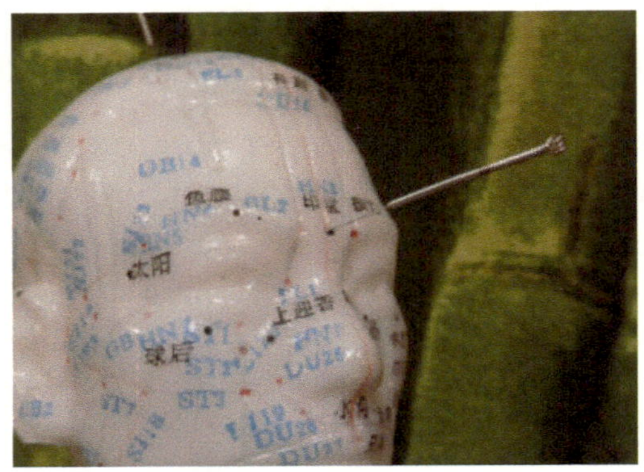

<u>Energie Aufnahme und Abgabe Punkte</u>

<u>Yongchuan</u> Wenn wir die Zehen "in den Boden krallen",
entsteht eine Kuhle unterhalb der Grundzehengelenke.
Punkt Niere 1.

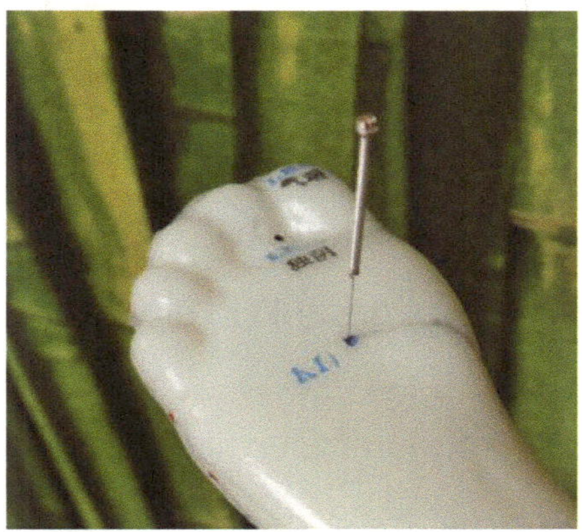

<u>Laogong.</u> Wenn wir die Fingerspitze des Ringfingers in die
Handinnenfläche kippen, kommen wir zu diesem Punkt.

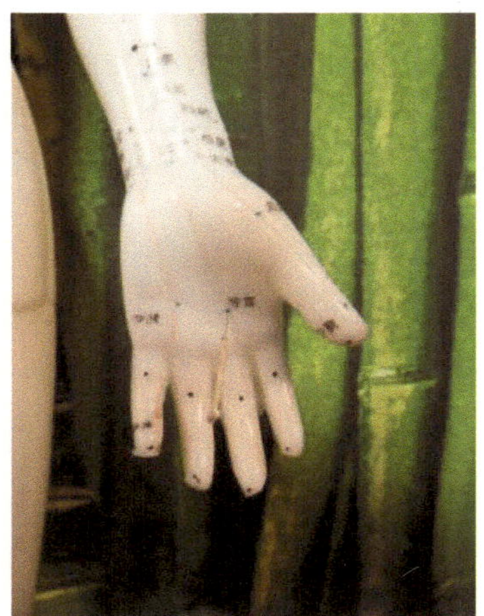

<u>Grundstand</u>

Füße schulterbreit und parallel hinstellen.

Knie etwas anwinkeln, aber nicht über die Fußspitzen hinaus.

Das Becken nach vorne unten kippen, sodass sich die Lendenwirbelsäule begradigt. Bei Menschen mit einem Hohlkreuz ist dies oft am Anfang schwierig, der Oberkörper neigt sich nach hinten. Dies sollte begradigt werden.

Die Wirbelsäule sollte so gerade wie möglich sein.

Das Kinn wird leicht gesenkt, die Halswirbelsäule wird gestreckt.

Alle Nervenimpulse können freier fließen.

Die Schultern zurücknehmen, dann die Arme locker hängen lassen. Die Schultern entspannen. Die Ellbogen leicht zur Seite bewegen. Dadurch entsteht etwas Platz in den Achselhöhlen.

Die Hände sind nicht gestreckt, locker, aber in den Handflächen leicht gespannt, um Energie aufzunehmen. Leichte, unwillkürliche Bewegungen der Finger sind bei der Energieaufnahme ein gutes Zeichen.

Wir können uns vorstellen, dass die Füße wie Wurzeln eines Baumes in die Tiefe reichen. Der Oberkörper ist beweglich wie die Äste eines Baumes ohne die oben beschriebene Grundposition aufzugeben.

Versuchen Sie zur Ruhe zu kommen, die Natur und die Lebensenergie in ihr, in sich aufzunehmen. Dazu sollte die innere Geisteshaltung sein wie ein leerer weißer Raum.

Der Grundstand sollte vor und evtl. auch zwischen den Übungen für 1-2 Minuten eingenommen werden, um die Wirkung zu erspüren.

Im Grundstand atmen wir durch die Nase, während der Übungen atmen wir durch die Nase ein und durch den geöffneten Mund aus.

Da wir uns bei Qi Gong Übungen für das Qi der Umwelt öffnen, sollten wir nicht üben bei starkem Wind (erzeugt sog. „Windkrankheiten"), an einem reißenden Fluss (entreißt uns die Energie), vor einem Gewitter (setzt uns unter Spannung) oder bei Fieber (wird erhöht). Bei einer Koronaren Herz Krankheit in Absprache mit dem Lehrer üben.

<u>1. Becken kreisen</u>

Füsse schulterbreit, Hände in die Hüften stemmen.

Mit dem Becken 8 x im Uhrzeigersinn drehen. 8 x gegen den Uhrzeigersinn. Nochmal 8 x in beide Richtungen drehen.

Die Kreisbewegungen sollten maximal groß ausgeführt werden. Bei Beschwerden mit den Hüften oder der Wirbelsäule erst langsam die Kreise vergrößern und die eigenen Grenzen beachten.

Atmung fließend durch die Nase.

<u>2. Knie kreisen</u>
Füße zusammenstellen. Beide Hände auf die Knie legen.
Die Knie 8 x im Uhrzeigersinn drehen. 8 x gegen den
Uhrzeigersinn. Nochmal 8 x in beide Richtungen drehen.

Die Kreisbewegungen sollten maximal groß ausgeführt
werden. Bei Beschwerden mit den Knien erst langsam die
Kreise vergrößern und die eigenen Grenzen beachten.

Atmung fließend durch die Nase.

<u>3. Stangen halten</u>

Grundstand. Beide Hände trichterförmig vor den Mund halten.
Ausatmen.
 Die Zeigefingerspitzen auf die Daumen legen. Alle Finger
zusammenlegen, so als ob wir 2 Stangen halten. Beide Hände
seitlich auf Augenhöhe heben. Auf eine Seite durch die Hand
schauen. Tief einatmen und Brust dehnen. Beide Hände
wieder vor den Mund halten und ausatmen.

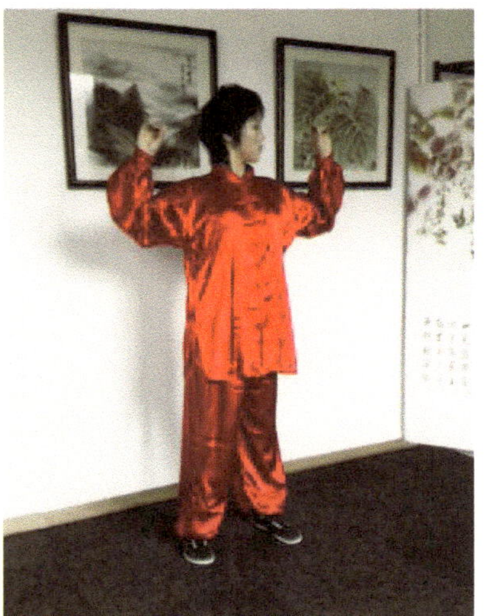

4. Arme ausstrecken

Die Zeigefingerspitzen auf die Daumen legen. Alle Finger zusammenlegen, so, als ob wir 2 Stangen halten. Beide Hände seitlich auf Augenhöhe heben. Ausatmen.

Beide Hände weit nach oben strecken. Handflächen gegeneinander gerichtet. Mehr als schulterbreit auseinander.

Auf den linken Mittelfinger schauen und einatmen.

Arme senken, ausatmen und rechts und links Stangen halten.

Beide Hände weit nach oben strecken. Handflächen gegeneinander gerichtet. Mehr als schulterbreit auseinander.

Auf den rechten Mittelfinger schauen und einatmen u.s.w.

8 x jede Seite.

5. Ellbogen heben

Die Ellbogen hinter dem Rücken möglichst eng zusammen-
führen. Beide Ellbogen heben. Sobald die Ellbogen auf
Schulterhöhe sind, auf einen Ellbogen schauen und weiter bis
über den Kopf heben. Bei dieser Aufwärtsbewegung
einatmen.

Die Hände vor dem Körper nach unten führen und dabei
ausatmen. Handflächen gegeneinander gerichtet.

6. Den Himmel tragen

Beide Handflächen nach oben strecken. Fingerspitzen gegeneinander gerichtet. Einatmen und nach oben strecken.

Etwas zur Seite drehen und ausatmen. Einatmen und mit einer Ausatmung nach außen strecken. Weiter zur Seite dehnen und einatmen. Wieder nach oben bewegen und ausatmen.

Auf der anderen Seite wiederholen. 4 x jede Seite.

<u>7. Schrägschritt</u>

Grundstand. Beide Fäuste auf die Hüftknochen legen. Faustherz oben. Ausatmen.

Rechte Faust öffnen und nach links oben strecken. Linken Fuß auf der Ferse im rechten Winkel nach links drehen. Einatmen.

Gewicht auf das linke, angewinkelte Bein verlagern, rechtes Bein durchstrecken. Schräge Linie von den linken Fingerspitzen zu der rechten Ferse.

Zurück in die Ausgangsposition, dabei ausatmen. Auf der anderen Seite wiederholen. 8 x jede Seite.

<u>8. Das Kreuz drehen</u>

Grundstand. Beide Fäuste auf die Hüftknochen legen. Faustherz oben. Ausatmen.

Einatmen und rechte Hand nach gerade vorne strecken. Handfläche nach vorne gerichtet. Dabei die Hüfte nach links drehen. Linke Faust in die Hüfte stemmen. Auf den linken Ellbogen schauen.

Zurück in die Ausgangsposition, dabei ausatmen. Auf der anderen Seite wiederholen. 8 x jede Seite.

<u>9. Hüfte wenden</u>

Grundstand, Füße etwas breiter als schulterbreit. Beide Fäuste auf die Hüftknochen legen. Faustherz oben. Ausatmen.

Einatmen und Gewicht auf das rechte, gebeugte Bein verlagern. Die Hüfte ganz nach rechts vorne drehen, so als ob man sich rechts auf ein Brett setzen möchte. Dabei die Füße nicht drehen. Das linke Bein durchstrecken.

Zurück in die Ausgangsposition, dabei ausatmen. Auf der anderen Seite wiederholen. 8 x jede Seite.

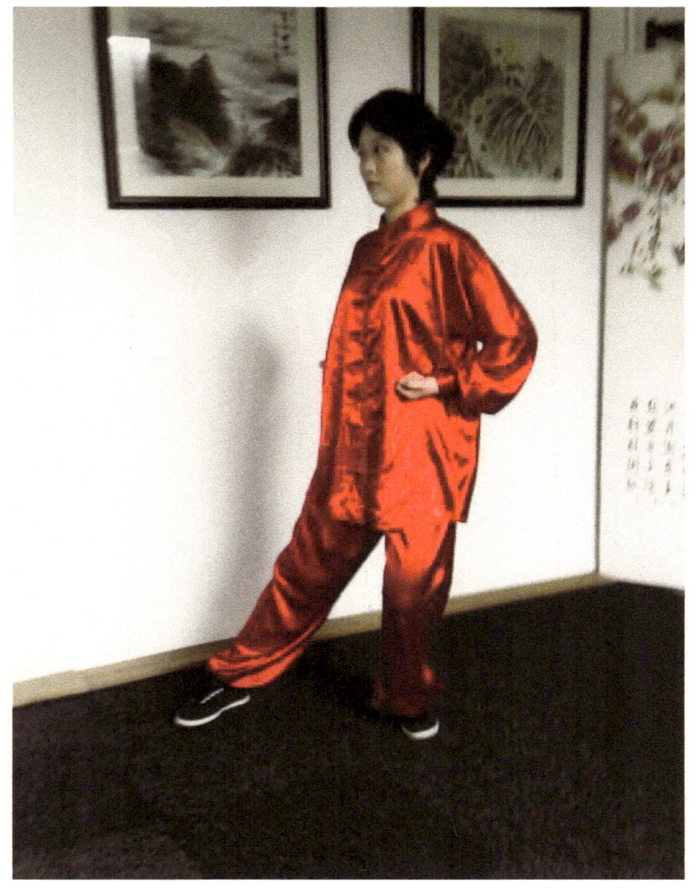

10. Nach hinten wenden

Grundstand. Beide Fäuste auf die Hüftknochen legen.
Faustherz oben. Ausatmen.

Rechte Faust öffnen und nach links hinten strecken. Linken
Fuß auf der Ferse im rechten Winkel nach links drehen.
Einatmen. Gewicht auf das linke, angewinkelte Bein verlagern,
rechtes Bein leicht angewinkelt.

Zurück in die Ausgangsposition, dabei ausatmen. Auf der
anderen Seite wiederholen. 8 x jede Seite.

<u>11. Handschieben in 4 Richtungen</u>

Grundstand. Ausatmen.

1) Einatmen und beide Hände seitwärts im Bogen nach oben führen. Handflächen nach oben strecken. Fingerspitzen zeigen gegeneinander.

Ausatmen und die gestreckten Arme bis auf Schulterhöhe zurückführen.

2) Einatmen und dabei den Körper, von unten nach oben, nach links drehen. Die Füße sind weiterhin nach vorne gerichtet. Die Handflächen sind nach außen gestreckt.

Ausatmen und, von unten nach oben, zurückdrehen .

3) Auf die gleiche Weise nach rechts drehen.

Ausatmen und, von unten nach oben, zurückdrehen.

4) Handflächen seitlich nach unten drücken, den ganzen Körper dabei durchstrecken und einatmen.

Entspannen und ausatmen, Grundstand. 2-4 x die Serie wiederholen.

<u>12. Knieübung</u>

Beide Hände in die Hüften stemmen. Gewicht auf das linke Bein verlagern.

Rechtes Fußgelenk auf das linke Knie legen und das rechte Knie nach rechts hinten dehnen.

Rechtes Knie auf das linke legen und den rechten Fuß soweit wie möglich nach vorne drücken.

Rechtes Knie soweit wie möglich anziehen.

Rechtes Knie nach hinten oben bewegen.

Atmung normal fließen lassen. Übung auf der linken Seite wiederholen. 2 x auf jeder Seite.

 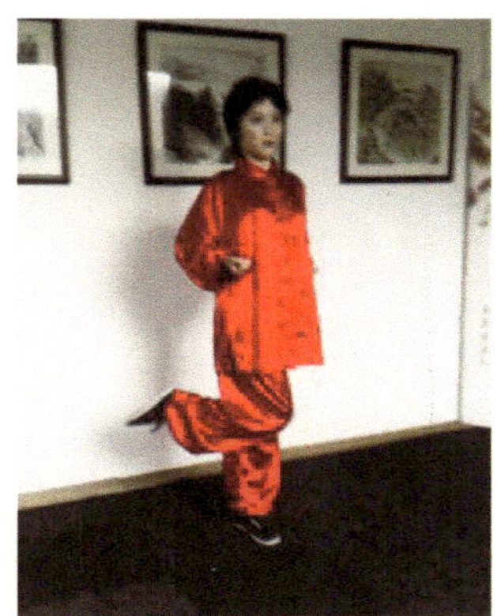

13. Zwischen Himmel und Erde einspannen

Grundstand. Beide Fäuste auf die Hüftknochen legen. Faustherz oben. Ausatmen.

Einatmen, Gewicht auf das linke Bein. Rechtes Bein im rechten Winkel anheben. Rechte Handfläche nach unten drücken. Gleichzeitig die linke Handfläche nach oben strecken. Fingerspitzen zur Mitte gerichtet. Blick nach oben gerichtet.

Mit der linken Seite Himmelsenergie aufnehmen, mit der rechten Hand die Erdenergie.

Zurück in die Ausgangsposition, dabei ausatmen. Auf der anderen Seite wiederholen. 8 x jede Seite.

14. Knie vor die Brust drücken

Grundstand. Beide Fäuste auf die Hüftknochen legen. Faustherz oben. Ausatmen.

Mit dem linken Fuß einen großen Schritt nach vorne machen Einatmen. Beide Hände nach schräg vorne strecken. Handflächen gegeneinander gerichtet. Ausatmen.

Auf das linke Bein stellen und das rechte Bein mit beiden Händen anziehen. Dabei einatmen.

Mit dem rechten Bein einen Schritt zurück machen und die Hände wieder nach vorne strecken, ausatmen, dann den linken Fuß wieder zurück setzen, sodass beide Füße wieder schulterbreit nebeneinander stehen. Dabei beide Hände in großem Bogen nach hinten unten führen, einatmen und wieder auf den Hüften ablegen. Faustherz nach oben. Dabei ausatmen.

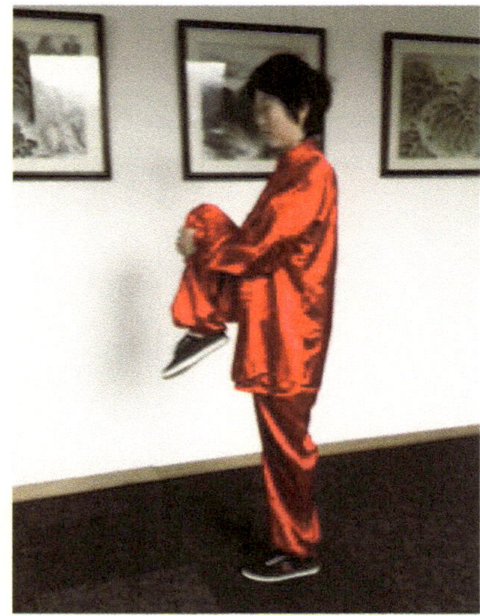

<u>15. Boxen</u>

Grundstand. Beide Fäuste auf die Hüftknochen legen. Faustherz oben, Daumen einklappen. Ausatmen. Einen Schritt nach links machen und in einer Grätsche stehen.

Die Faust nach vorne strecken und dabei einatmen bis zur Hälfte der Streckung.

Mit einer Drehbewegung Faustherz nach unten richten und Faust weiter nach vorne strecken. Schulter nicht vorstrecken. Dabei ausatmen.

Mit einer Drehbewegung Faustherz nach oben richten und zurückziehen. Dabei einatmen bis zur Hälfte der Streckung.

Die Faust wieder auf der Hüfte ablegen und dabei ausatmen.

Bewegung auf der anderen Seite wiederholen. Beide Seiten mindestens 16 x.

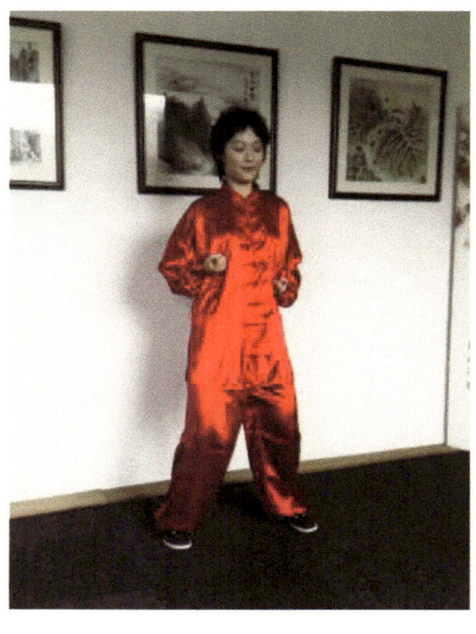 

<u>16. Bogenschießen</u>

Grundstand. Beide Hände über Kreuz vor die Brust legen.
Daumen und Zeigefinger gestreckt, die anderen Finger
angewinkelt. Handflächen nach seitlich außen gerichtet. Liegt
die rechte Hand oben, wird diese nach außen   gestreckt
(Bogen); die linke Hand zieht an der imaginären
Sehne. Ellbogen und Hand auf Schulterhöhe. Bie dieser
Bewegung tief einatmen.
Über den Zeigefinger ein Ziel anvisieren, im Geiste den Pfeil
abschießen, ausatmen und die Hände wieder über Kreuz vor
die Brust legen. Die „Bogenhand" wird an den Körper gelegt.

Die „Sehnenhand" kommt nach außen, denn sie wird nun zur
„Bogenhand" auf der anderen Seite. Im ständigen Wechsel 8 x
nach rechts und links „schießen".

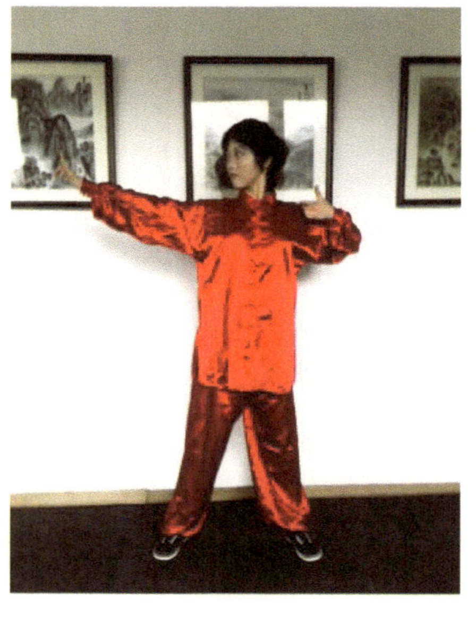 

<u>17. Brustweiten</u>

Etwas in die Hocke gehen, die Handgelenke über Kreuz.
Männer legen die linke Hand an den Körper, Frauen die
rechte Hand. Ausatmen.

Beide Hände nach oben bis über den Kopf führen, dabei tief
einatmen. Den Körper strecken.

Die Hände lösen und im großen Bogen seitwärts nach unten
führen. Ausatmen. Den Körper dabei entspannen, wieder in
die leichte Hocke gehen. Die Handgelenke über Kreuz.

8 x

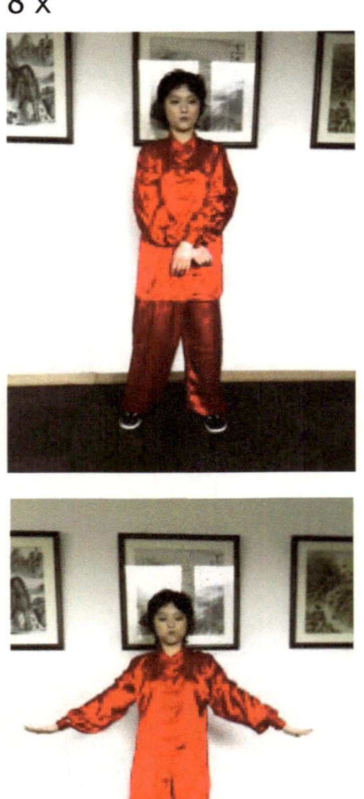

<u>18. Bauchmassage</u>

Grundstand. Beide Hände übereinander unter den Bauchnabel legen (Dantian). Mit der oberen Hand das Handgelenk der unteren Hand fassen. Beide Laogong Punkte liegen nun übereinander. Männer legen die linke Hand an den Körper, Frauen die rechte Hand. Ausatmen. Der Bauch drückt gegen die Hände, die Hände gegen den Bauch.

8 Kreise um den Bauchnabel im Uhrzeigersinn massieren. Bei jeder Aufwärtsbewegung einatmen, bei jeder Abwärts-bewegung ausatmen.

Die Kreise werden dabei immer größer bis zu den Rippenbögen und den Beckenknochen. Am Ende dieser 8 Kreise liegen die Hände auf dem Schambein.

Nun 8 Kreise gegen den Uhrzeigersinn massieren. Dabei immer kleiner werdend, bis die Hände wieder unter dem Bauchnabel liegen. Bei jeder Aufwärtsbewegung einatmen, bei jeder Abwärtsbewegung ausatmen.

In dieser Position ein paar Minuten nachspüren. Diese Übung ist sehr intensiv und verteilt die Energieströme nach den vorherigen Übungen. Evtl. nochmal wiederholen.

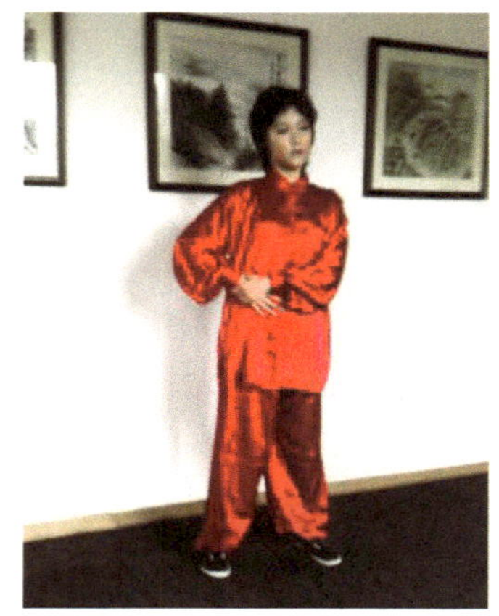

<u>Weitere Qi Gong Bücher</u>

<u>Wai Dan Gong</u>
ISBN 9 783752 669398
Wai Dan Gong Übungen gehen zurück bis auf die Tang-
Dynastie (8./9. Jahrhundert nach Chr.). Wai Dan Gong gilt als
besonders wirkungsvolle Form des Qi Gong, da sie die
Lebensenergie Qi intensiv im Körper mobilisiert und verteilt
so dass eine kräftigende, positive Wirkung bereits früh
einsetzt. Diese Übungsreihe wirkt auf alle Systeme von Körper
und Geist, alle Meridiane, alle inneren Organe, Muskeln und
Sehnen, kräftigend und stärkend.

<u>Tai Hu See Qi Gong</u>
ISBN: 9 783750 494091 Engl. Version ISBN 9 783751 916479
Diese Übungsreihe hat ihren Ursprung in der Songdynastie. In
der Umgebung des Tai Hu Sees wurden diese Übungen
entwickelt und später modifiziert.
Die Energieaufnahme wird angeregt, die Muskulatur gestärkt,
die Beweglichkeit verbessert, die Durchblutung der inneren
Organe und die Sauerstoffaufnahme werden verstärkt. Die
Imitation der Tierbewegungen und der Bewegungen eines
Seebewohners regen die Phantasie von Kindern an und
sorgen auch für Heiterkeit bei Erwachsenen. Man braucht
nicht die ganze Übungsreihe zu vollziehen, man kann sich
auch einzelne Übungen herausnehmen für sein tägliches
Übungsprogramm.

<u>Qi Gong im Sitzen</u>
ISBN 9 783750 424692 Engl. Version: ISBN: 9 83750 431409
In diesem Buch werden 34 Qi Gong Übungen beschrieben, die im
Sitzen durchgeführt werden. Von einfachen Bewegungs-
übungen zu Tuina Massage Übungen, Atemübungen und

Konzentrationsübungen. Diese Übungen verbessern die
Energieaufnahme, stärken die Selbstheilungskräfte und
bewirken einen Ausgleich des vegetativen Nervensystems. Sie
fördern die Konzentrationsfähigkeit und innere Ruhe. Sie
wirken positiv auf die Verdauungsorgane, die Muskulatur, die
Sehnen, Gelenke und die Wirbelsäule. Die erhöhte
Sauerstoffaufnahme stärkt das Herz und die Lungen.
Es eignet sich sehr gut als Übungsbuch für die Arbeitsmedizin,
für Altenheime, als Abschluss für jeden Qi Gong Kurs oder
einfach für zwischendurch für alle Büro- oder Computer-
arbeitenden. Die vielen Fotos und die klare Beschreibung
machen es leicht die Übungen nachzuvollziehen.

Taiji Qi Gong
ISBN 9 783749 469413 Engl. Version: ISBN 9 783752 820072
In diesem Buch werden 22 Taiji Qi Gong Übungen
beschrieben. Diese Übungen verbessern die Energieaufnahme,
stärken die Selbstheilungskräfte und bewirken einen Ausgleich
des vegetativen Nervensystems. Sie fördern die
Konzentrationsfähigkeit und innere Ruhe. Sie wirken positiv auf
die Verdauungsorgane, die Muskulatur, die Sehnen, Gelenke
und die Wirbelsäule. Die erhöhte Sauerstoffaufnahme stärkt
das Herz und die Lungen.

Qi Gong Standübungen
ISBN 9 783744 809665 Engl.Version ISBN 9 783751 907323
In diesem Buch werden 23 Qi Gong Standübungen beschrieben.
Diese Übungen verbessern die Energieaufnahme, stärken die
Selbstheilungskräfte und bewirken einen Ausgleich des
vegetativen Nervensystems. Sie fördern die Konzentrations-
fähigkeit und innere Ruhe. Sie stärken die Muskulatur und die

Sehnen. Die Standpositionen der 5 Tiere (Affe, Hirsch, Bär,
Tiger, Kranich) sind auch für Kinder gut geeignet.

<u>Medizinisches Qi Gong nach Prof. Wu</u>
ISBN 9 783744 829427 Engl. Version ISBN 9 783751 904575
In diesem Buch werden Übungen gezeigt, die u.a. bei folgenden
Beschwerdebildern eine ausgezeichnete Wirkung zeigen: bei
hohem und niedrigem Blutdruck, Magen- und Darmbeschwerden,
Lungenproblemen, Schlaflosigkeit, Nervosität,
Konzentrationsschwäche, Energielosigkeit, Rückenschmerzen und
übermässigem Stress.
Bei regelmässiger und ausdauernder Übung des Qi Gong kann
der Praktizierende seinen Gesundheitszustand verbessern und
innere Ruhe und Entspannung finden. Da die Übungen mit
unterschiedlichem Kraftaufwand durchgeführt werden können,
eignen sie sich auch für ältere, geschwächte Menschen.

Jedes Buch kostet 12,- €. Die Bücher sind in jedem Buchhandel
oder im Internet z.B. bei Amazon oder bei www.bod.de erhältlich.
Dort ist auch eine kleine Vorschau möglich. Auch als e-book
erhältlich.